Dieses Buch gehört

Liebe Eltern,

wir wollen Ihr Kind beim Lesenlernen unterstützen, und zwar mit Geschichten, die Spaß machen.

Unsere Bücher mit dem liebenswerten Leselöwen begleiten Ihr Kind durch die 1. Klasse. Sie enthalten eine spannende Geschichte mit einfachen Sätzen und gut lesbarer Schrift. Viele bunte Bilder sorgen für Lesepausen und helfen, die Geschichte zu verstehen. Mit den Aufgaben zum Text kann Ihr Kind selbst prüfen, ob es den Text richtig verstanden hat. Zu den markierten Wörtern warten am Ende des Buches spannende Fakten und in unserem Onlineportal finden Sie viele weitere Extras!

So wird Ihr Sohn oder Ihre Tochter zum echten Leselöwen!

Ihr

Leselöwe

Jetzt geht es

los!

Eva Hierteis

Beste Freundinnen halten zusammen

Illustriert von Franziska Harvey

www.leseloewen.de

ISBN 978-3-7432-0727-1
1. Auflage 2021
© 2021 Loewe Verlag GmbH, Bindlach
Umschlag- und Innenillustration: Franziska Harvey
Umschlaggestaltung: Kathrin Tobian
Vignetten Leselöwe und Sticker: Angelika Stubner
Printed in the EU

www.loewe-verlag.de

Inhalt

Frau Superschlau und Frau Miau

Luzi und Mona sind

beste Freundinnen.

Morgens laufen sie immer

zusammen zur Schule.

Sie reden und singen,

hopsen und springen.

Am Schultor hält Mona an.

„Hast du das gehört?"

Mau-miau!, maunzt es leise.

Die beiden entdecken

ein Kätzchen im Gebüsch.

„Na komm, meine Kleine!"

Luzi lockt die Katze heraus.

O nein: Sie hinkt!

Luzi nimmt sie hoch. Geschafft!

Es gongt. Luzi und Mona
gehen ins Sekretariat
und rufen Luzis Mutter an.
Sie ist nämlich Tierärztin.

„Wir könnten die Katze
Minka nennen", meint Mona.
„Ich habe schon einen Namen",
verkündet Luzi. „Frau Miau!"

„Darf ich sie mal halten?",
fragt Mona.
„Sie ist verletzt", sagt Luzi.
„Lass sie lieber in Ruhe."

14

Mona schluckt. Luzi hat recht.

Trotzdem: Sie will mithelfen.

Mona streckt die Hand aus,

um Frau Miau zu streicheln.

Doch Luzi schüttelt den Kopf.

„Nicht. Du machst ihr Angst."

Jetzt reicht es Mona aber.

Nichts darf sie. Voll fies!

„Dann mach doch deinen Mist allein, Frau Superschlau", zischt sie und rennt raus.

Wut im Bauch

Zehn Minuten später kommt
Luzi ins Klassenzimmer nach.
„Mama hat Frau Miau abgeholt",
flüstert sie Mona zu.

Mona antwortet nicht.

„Sie hat einen Splitter
in der Pfote", wispert Luzi.

„Pssst!", zischt Mona.

„Pssst, ihr zwei", sagt auch
die Lehrerin Frau Ulf.
„Luzi hört nicht auf zu reden",
meint Mona.

Luzi guckt Mona ungläubig an.
„Blöde **Petze**!", denkt sie.

In der Pause
drängen sich alle um Luzi.
Sie wollen ganz genau wissen,
was mit der Katze los war.

„Blöde **Angeberin**", denkt Mona.

Sie spielt alleine Fußball.

Mit jeder Menge **Wut** im Bauch

und jeder Menge Wumms im Bein.

Endlich ist die Schule aus.

Mona schnappt ihre Schultasche

und saust los.

Soll Luzi doch allein gehen!

Zu Hause gibt es
was ganz Komisches zu essen:
Kloß mit Fisch und Erbsen.
Mona kriegt nichts runter.

Sie hat schon einen Kloß
im Hals vor lauter Wut
auf Luzi – und auf sich selbst.
Ob sie vorhin zu **zickig** war?

Da klingelt es an der Tür.

Draußen steht Luzi!

Ein Wunsch von ganzem Herzen

„War doof von mir", sagt Luzi.

„Du wolltest ja nur mitmachen."

Sie guckt zu Boden. Mona auch.

Außer Zehen nichts zu sehen.

„Dass ich dich verpetzt habe,
war auch doof", murmelt Mona.
Die zwei sehen sich an
und gleich wieder weg.

„Wir sind eben beide doof",
flüstert Luzi.

Mona lächelt. „Darum passen
wir ja auch so gut zusammen."

Dann prusten sie los.

Und *puff!*, ist die Wut weg.

„Vertragen wir uns wieder?",

fragt Luzi vorsichtshalber.

Mona nickt. „Wieder gut."

Luzi strahlt. „Kommst du mit?"

„Zu dir? Na klar!", sagt Mona.

Den ganzen Tag spielen
die beiden mit Frau Miau.
Sogar ein Katzenbett bauen sie.
Ruckzuck ist es Abend.

Und weil *Freitag*abend ist,

darf Mona bei Luzi übernachten.

Lang beobachten sie die Katze.

Sie schnurrt so süß im Schlaf!

Da kommt Mona ein Gedanke:
„Wenn wir nicht rausfinden,
wem die Katze gehört …,
darfst du sie dann behalten?"

Luzi schüttelt den Kopf.

„Nein, ich habe doch Mäuse."

„So ein Mist!", seufzt Mona.

Lange sagt keine ein Wort.

Bis Luzi ruft: „Ich hab's!"

Stille.

„Äh, Mona? Bist du noch wach?"

Mona schläft schon fast.

„Weißt du was?", wispert Luzi.

„Ich wünsche mir,

dass *du* Frau Miau bekommst."

Da wird Mona warm im Bauch
und sie lächelt in ihr Kissen.
Luzi ist einfach
die beste Freundin der Welt!

1. Wie heißen die besten Freundinnen in dieser Geschichte? Jeweils zwei Silben ergeben einen Namen.

ZI MO LU NA

Antwort: Luzi und Mona

2. Lies genau in Spiegelschrift. Was finden die beiden Freundinnen im Gebüsch? Kreuze an.

☐ Käuzchen

☐ Lätzchen

☐ Kätzchen

Antwort: Kätzchen

40

3. **Welchen Namen bekommt die Katze? Kreuze an.**

☐ Frau Superschlau

☒ Frau Miau

☐ Frau Wauwau

Antwort: Frau Miau

4. **Was hat Mona nach ihrem Streit im Bauch? Kreise das richtige Wort ein.**

A N G S T R A U E R W U T S C H A M L I E B E

Antwort: Wut

5. **Welches Haustier hat Luzi? Kreise ein.**

Antwort: Mäuse

Beste Freundinnen (Seite 8):

Beste Freundinnen wie Luzi und Mona gehen zusammen durch dick und dünn. Selbst wenn sie sich mal streiten, wissen sie, dass sie sich immer aufeinander verlassen können.

Petze (Seite 21):

Eine Petze verrät jemand anderen, zum Beispiel bei einer Lehrerin. Petze ist aber auch ein Ortsteil der Gemeinde Sibbesse in Niedersachsen.

Angeberin (Seite 23):

Wer angibt, prahlt mit etwas. Eine Angeberin möchte andere beeindrucken. In der Pause fragen die anderen Luzi wegen der Katze aus. Aber gibt Luzi wirklich an? Oder ist Mona nur neidisch und wütend? Das ist nämlich manchmal gar nicht so leicht zu unterscheiden.

Wut (Seite 23):

Wenn jemand einen kränkt, wird man wütend. Man tobt und rast und könnte alles kurz und klein schlagen. Das ist kein schönes Gefühl. Aber Wut ist auch wichtig. Vor allem muss sie raus. Zu viel Wut im Bauch ist nämlich ungesund. Und: Nur wenn man anderen zeigt, dass sie zu weit gegangen sind, können sie einen verstehen und man kann sich wieder vertragen.

zickig (Seite 26):

„Zicke" ist ein anderes Wort für Ziege. Ziegen gelten als störrisch und eigensinnig. Eine Zicke hat also ihren eigenen Kopf. Vielleicht ist es gar nicht so schlecht, manchmal zickig zu sein?

Blättere schnell um und trage die blauen Buchstaben in der richtigen Reihenfolge in die Kästchen ein!

Eva Hierteis, geboren 1972, träumte schon als Kind davon, Bücher zu schreiben, kam jedoch nie über die dritte Seite hinaus. Das hat sich inzwischen geändert. Nach einem Literaturstudium und einigen Jahren in einem Kinderbuchverlag hat sie sich endlich ihren Traum erfüllt und widmet sich ganz dem Schreiben. Sie lebt mit ihrer Familie in Nürnberg.

Franziska Harvey, geboren 1968, studierte Grafikdesign an der Fachhochschule Wiesbaden und arbeitet seitdem als freie Illustratorin für verschiedene Agenturen und Verlage. Heute illustriert sie hauptsächlich Kinderbücher und lebt mit ihrer Familie in Frankfurt am Main.

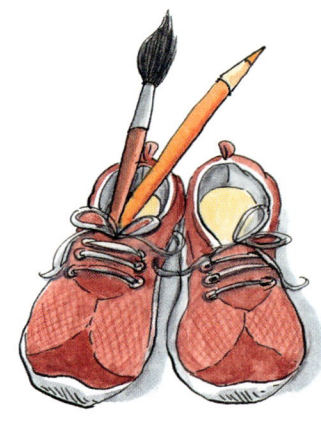

Das Leselöwen-Lösungswort

Besuche den Leselöwen auf
www.leseloewen.de und trage
die farbigen Buchstaben
von den Seiten *Schon gewusst?*
in der richtigen Reihenfolge
in die magische Box ein.

Wenn du das Lösungswort
gefunden hast, kommst du auf
die geheime Seite mit vielen
weiteren Spielen und Rätseln!

Der **Leselöwe** freut sich auf dich!

Jetzt
online!